書名：地理學新義
系列：心一堂術數珍本古籍叢刊　堪輿類
作者：〔民國〕俞仁宇撰

主編、責任編輯：陳劍聰
心一堂術數珍本古籍叢刊編校小組：陳劍聰　素聞　梁松盛　鄒偉才　虛白盧主

出版：心一堂有限公司
地址／門市：香港九龍尖沙咀東麼地道六十三號好時中心LG 六十一室
電話號碼：+852-6715-0840
網址：www.sunyata.cc
電郵：sunyatabook@gmail.com
網上書店：http://book.sunyata.cc
網上論壇：http://bbs.sunyata.cc/

版次：二零一三年十二月初版
平裝

　　港幣　七十九元正
定價：人民幣　七十九元正
　　新台幣　二百五十元正

國際書號：ISBN 978-988-8266-38-8

香港及海外發行：香港聯合書刊物流有限公司
地址：香港新界大埔汀麗路三十六號中華商務印刷大廈三樓
電話號碼：+852-2150-2100
傳真號碼：+852-2407-3062
電郵：info@suplogistics.com.hk

台灣發行：秀威資訊科技股份有限公司
地址：台灣台北市內湖區瑞光路七十六巷六十五號一樓
電話號碼：+886-2-2796-3638
傳真號碼：+886-2-2796-1377
網路書店：www.govbooks.com.tw
　　www.bodbooks.com.tw
經銷：易可數位行銷股份有限公司
地址：台灣新北市新店區寶橋路二三五巷六弄三號五樓
電話號碼：+886-2-8911-0825
傳真號碼：+886-2-8911-0801
email：book-info@ecorebooks.com
易可部落格：http://ecorebooks.pixnet.net/blog

中國大陸發行・零售：心一堂書店
深圳地址：中國深圳羅湖立新路六號東門博雅負一層零零八號
電話號碼：+86-755-8222-4934
北京地址：中國北京東城區雍和宮大街四十號
心一店淘寶網：http://sunyatacc.taobao.com

心一堂術數古籍珍本叢刊 總序

術數定義

術數，大概可謂以「推算、推演人（個人、群體、國家等）、事、物、自然現象、時間、空間方位等規律及氣數，並或通過種種『方術』，從而達致趨吉避凶或某種特定目的」之知識體系和方法。

術數類別

我國術數的內容類別，歷代不盡相同，例如《漢書・藝文志》中載，漢代術數有六類：天文、曆譜、無行、蓍龜、雜占、形法。至清代《四庫全書》，術數類則有：數學、占候、相宅相墓、占卜、命書、相書、陰陽五行、雜技術等，其他如《後漢書・方術部》、《藝文類聚・方術部》、《太平御覽・方術部》等，對於術數的分類，皆有差異。古代多把天文、曆譜、及部份數學均歸入術數類，而民間流行亦視傳統醫學作為術數的一環；此外，有些術數與宗教中的方術亦往往難以分開。現代學界則常將各種術數歸納為五大類別：命、卜、相、醫、山，通稱「五術」。

本叢刊在《四庫全書》的分類基礎上，將術數分為九大類別：占筮、星命、相術、堪輿、選擇、三式、讖緯、理數（陰陽五行）、雜術。而未收天文、曆譜、算術、宗教方術、醫學。

術數思想與發展——從術到學，乃至合道

我國術數是由上古的占星、卜蓍、形法等術發展下來的。其中卜蓍之術，是歷經夏商周三代而通過「龜卜、蓍筮」得出卜（卦）辭的一種預測（吉凶成敗）術，之後歸納並結集成書，此即現傳之《易經》。經過春秋戰國至秦漢之際，受到當時諸子百家的影響、儒家的推崇，遂有《易傳》等的出現，原本是卜蓍術書的《易經》，被提升及解讀成有包涵「天地之道（理）」之學。因此，《易・繫辭傳》曰：「易與天地準，故能彌綸天地之道。」

漢代以後，易學中的陰陽學說，與五行、九宮、干支、氣運、災變、律曆、卦氣、讖緯、天人感應說等相結

合，形成易學中象數系統。而其他原與《易經》本來沒有關係的術數，如占星、形法、選擇，亦漸漸以易理（象數學說）為依歸。《四庫全書・易類小序》云：「術數之興，多在秦漢以後。要其旨，不出乎陰陽五行，生尅制化。實皆《易》之支派，傅以雜說耳。」至此，術數可謂已由「術」發展成「學」。

及至宋代，術數理論與理學中的河圖洛書、太極圖、邵雍先天之學及皇極經世等學說給合，通過術數以演繹理學中「天地中有一太極，萬物中各有一太極」（《朱子語類》）的思想。術數理論不單已發展至十分成熟，而且也從其學理中衍生一些新的方法或理論，如《梅花易數》、《河洛理數》等。

在傳統上，術數功能往往不止於僅僅作為趨吉避凶的方術，及「能彌綸天地之道」的學問，亦有其「修心養性」的功能，「與道合一」（修道）的內涵。《素問・上古天真論》：「上古之人，其知道者，法於陰陽，和於術數。」數之意義，不單是外在的算數、歷數、氣數，而是與理學中同等的「道」、「理」——心性的功能，北宋理氣家邵雍對此多有發揮：「聖人之心，是亦數也」、「萬化萬事生乎心」、「心為太極」。《觀物外篇》：「先天之學，心法也。……蓋天地萬物之理，盡在其中矣，心一而不分，則能應萬物。」反過來說，宋代的術數理論，受到當時理學、佛道及宋易影響，認為心性本質上是等同天地之太極。天地萬物氣數規律，能通過內觀自心而有所感知，即是內心也已具備有術數的推演及預測、感知能力；相傳是邵雍所創之《梅花易數》，便是在這樣的背景下誕生。

《易・文言傳》已有「積善之家，必有餘慶；積不善之家，必有餘殃」之說，至漢代流行的災變說及讖緯說，我國數千年來都認為天災，異常天象（自然現象），皆與一國或一地的施政者失德有關；下至家族、個人之盛衰，也都與一族一人之德行修養有關。因此，我國術數中除了吉凶盛衰理數之外，人心的德行修養，也是趨吉避凶的一個關鍵因素。

術數與宗教、修道

在這種思想之下，我國術數不單只是附屬於巫術或宗教行為的方術，又往往已是一種宗教的修煉手段——通過術數，以知陰陽，乃至合陰陽（道）。「其知道者，法於陰陽，和於術數。」例如，「奇門遁甲」術中，即分為「術奇門」與「法奇門」兩大類。「法奇門」中有大量道教中符籙、手印、存想、內煉的內容，是道教內丹外法的一種重要外法修煉體系。甚至在雷法一系的修煉上，亦大量應用了術數內容。此外，相術、堪輿術中也有修煉望氣色的方法；堪輿家除了選擇陰陽宅之吉凶外，也有道教中選擇適合修道環境（法、財、侶、地中的地）的方法，以至通過堪輿術觀察天地山川陰陽之氣，亦成為領悟陰陽金丹大道的一途。

易學體系以外的術數與的少數民族的術數

我國術數中，也有不用或不全用易理作為其理論依據的，如揚雄的《太玄》、司馬光的《潛虛》。也有一些占卜法、雜術不屬於《易經》系統，不過對後世影響較少而已。

外來宗教及少數民族中也有不少雖受漢文化影響（如陰陽、五行、二十八宿等學說）但仍自成系統的術數，如古代的西夏、突厥、吐魯番等占卜及星占術，藏族中有多種藏傳佛教占卜術、苯教占卜術、擇吉術、推命術、相術等；北方少數民族有薩滿教占卜術；不少少數民族如水族、白族、布朗族、佤族、彝族、苗族等，皆有占雞（卦）草卜、雞蛋卜等術，納西族的占星術、占卜術，彝族畢摩的推命術、占卜術⋯等等，都是屬於《易經》體系以外的術數。相對上，外國傳入的術數以及其理論，對我國術數影響更大。

曆法、推步術與外來術數的影響

我國的術數與曆法的關係非常緊密。早期的術數中，很多是利用星宿或星宿組合的位置（如某星在某州或某宮某度）付予某種吉凶意義，并據之以推演，例如歲星（木星）、月將（某月太陽所躔之宮次）等。不過，由於不同的古代曆法推步的誤差及歲差的問題，若干年後，其術數所用之星辰的位置，已與真實星辰的位置不一樣了；此如歲星（木星），早期的曆法及術數以十二年為一周期（以應地支），與木星真實周期十一點八六年，每幾十年便錯一宮。後來術家又設一「太歲」的假想星體來解決，是歲星運行的相反，週期亦剛好是十二年。而術數中的神煞，很多即是根據太歲的位置而定。又如六壬術中的「月將」，原是立春節氣後太陽躔娵訾之次而稱作「登明亥將」，至宋代，因歲差的關係，要到雨水節氣後太陽才躔娵訾之次，當時沈括提出了修正，但明清時六壬術中「月將」仍然沿用宋代沈括修正的起法沒有再修正。

由於以真實星象周期的推步術是非常繁複，而且古代星象推步術本身亦有不少誤差，大多數術數除依曆書保留了太陽（節氣）、太陰（月相）的簡單宮次計算外，漸漸形成根據干支、日月等的各自起例，以起出其他具有不同含義的眾多假想星象及神煞系統。唐宋以後，我國絕大部份術數都主要沿用這一系統，也出現了不少完全脫離真實星象的術數，如《子平術》、《紫微斗數》、《鐵版神數》等。後來就連一些利用真實星辰位置的術數，如《七政四餘術》及選擇法中的《天星選擇》，也已與假想星象及神煞混合而使用了。

隨着古代外國曆（推步）、術數的傳入，如唐代傳入的印度曆法及術數，元代傳入的回回曆等，其中我國占星術便吸收了印度占星術中羅睺星、計都星等而形成四餘星，又通過阿拉伯占星術而吸收了其中來自希臘、巴比倫占星術的黃道十二宮、四元素學說（地、水、火、風），並與我國傳統的二十八宿、五行說、神煞系統並存而形成《七政四餘術》。此外，一些術數中的北斗星名，不用我國傳統的星名：天樞、天璿、天璣、天權、玉衡、開陽、搖光，而是使用來自印度梵文所譯的：貪狼、巨門、祿存、文曲，廉貞、武曲、破軍等，此明顯是受到唐代從印度傳入的曆法及占星術所影響。如星命術的《紫微斗數》及堪輿術的《撼龍經》等文獻中，其星皆用印度譯名。及至清初《時憲曆》，置潤之法則改用西法「定氣」。清代以後的術數，又作過不少的調整。

術數在古代社會及外國的影響

術數在古代社會中一直扮演着一個非常重要的角色，影響層面不單只是某一階層、某一職業、某一年齡的人，而是上自帝王，下至普通百姓，從出生到死亡，不論是生活上的小事如洗髮、出行等，大事如建房、入伙、出兵等，從個人、家族以至國家，從天文、氣象、地理到人事、軍事，從民俗、學術到宗教，都離不開術數的應用。如古代政府的中欽天監（司天監），除了負責天文、曆法、輿地之外，亦精通其他如星占、選擇、堪輿等術數，除在皇室人員及朝庭中應用外，也定期頒行日書、修定術數，使民間對於天文、日曆用事吉凶及使用其他術數時，有所依從。

在古代，我國的漢族術數，甚至影響遍及西夏、突厥、吐蕃、阿拉伯、印度、東南亞諸國、朝鮮、日本、越南等地，其中朝鮮、日本、越南等國，一至到了民國時期，仍然沿用着我國的多種術數。

術數研究

術數在我國古代社會雖然影響深遠，「是傳統中國理念中的一門科學，從傳統的陰陽、五行、九宮、八卦、河圖、洛書等觀念作大自然的研究。……傳統中國的天文學、數學、煉丹術等，要到上世紀中葉始受世界學者肯定。可是，術數還未受到應得的注意。術數在傳統中國科技史、思想史，文化史、社會史，甚至軍事史都有一定的影響。……更進一步了解術數，我們將更能了解中國歷史的全貌。」（何丙郁《術數、天文與醫學中國科技史的新視野》，香港城市大學中國文化中心。）

可是術數至今一直不受正統學界所重視，加上術家藏秘自珍，又揚言天機不可洩漏，「（術數）乃吾國科學與哲學融貫而成一種學說，數千年來傳衍嬗變，或隱或現，全賴一二有心人為之繼續維繫，賴以不絕，其中確有學術上研究之價值，非徒癡人說夢，荒誕不經之謂也。其所以至今不能在科學中成立一種地位者，實有數困。蓋古代士大夫階級目醫卜星相為九流之學，多恥道之；而發明諸大師又故為惝恍迷離之辭，以待後人探索；間有一二賢者有所發明，亦秘莫如深，既恐洩天地之秘，復恐譏為旁門左道，始終不肯公開研究，成立一有系統說明之書籍，貽之後世。故居今日而欲研究此種學術，實一極困難之事。」（民國徐樂吾《子平真詮評註》，方重審序）

現存的術數古籍，除極少數是唐、宋、元的版本外，絕大多數是明、清兩代的版本。其內容也主要是明、清兩代流行的術數，唐宋以前的術數及其書籍，大部份均已失傳，只能從史料記載、出土文獻、敦煌遺書中稍窺一鱗半爪。

術數版本

坊間術數古籍版本，大多是晚清書坊之翻刻本及民國書賈之重排本，其中豕亥魚魯，或而任意增刪，往往文意全非，以至不能卒讀。現今不論是術數愛好者，還是民俗、史學、社會、文化、版本等學術研究者，要想得一常見術數書籍的善本、原版，已經非常困難，更遑論稿本、鈔本、孤本。在文獻不足及缺乏善本的情況下，要想對術數的源流、理法、及其影響，作全面深入的研究，幾不可能。

有見及此，本叢刊編校小組經多年努力及多方協助，在中國、韓國、日本等地區搜羅了一九四九年以前漢文為主的術數類善本、珍本、鈔本、孤本、稿本、批校本等千餘種，精選出其中最佳版本，以最新數碼技術清理、修復版面，更正明顯的錯訛，部份善本更以原色精印，務求更勝原本，以饗讀者。不過，限於編校小組的水平，版本選擇及考證、文字修正、提要內容等方面，恐有疏漏及舛誤之處，懇請方家不吝指正。

心一堂術數古籍珍本叢刊編校小組

二零零九年七月

地理學新義

書

心一堂藏

地理學新義序

余友俞君仁宇富理想。窮格致。近著地理學新義一書。以科學之原理。明哲學之功用。其書分上下二卷。上卷言巒形。則徵之聲光化電重礦之質素。下卷言理氣。則徵之算術。理數氣數象數里數之實驗。引古證今。宗中參西。竟能會古今於一室。冶中西於一爐者。是書有也。余於醫暇。亦嘗研究地理之學。尚未得其要旨。茲獲是書而讀之。巳若網在綱。整衣有領矣。因而恍然大悟曰。地心之熱力。猶發電之總機關也。行氣之龍脈。猶電流之方棚也。其結穴處。猶電線終結之拍落也。葬得其穴。猶引電之插筍也。得穴而能蔭其子孫。猶插筍插入拍落。而電燈因之發光。電爐因之傳熱。電扇因而生風。電機因而發聲也。舉此以觀。信乎地理之學。直謂之科學可也。奈何當今之世。江湖術士。以禍福欺人。耳食之徒。以迷信見斥。一如俞君所言者。均以未參透於中國之哲學。實含有泰西之科學也。使讀是書而猶以禍福欺人。迷信斥人者。是亦妄人也已矣。是爲序。

中華民國二十三年冬月古剡王邈達序於兼善堂

自序

中國地理之學。發明最古。庖犧氏之王天下也。龍馬負圖而出於河。遂則其文以畫八卦。八卦成列。爰有三墳。三墳者。山墳氣墳形墳也。顧名思義。蓋取諸實地。巒頭之祖也。夏后氏興。神龜出洛。因演九疇。理氣之宗也。周孔繼起。陰陽剛柔之道。備詳於易。至秦漢以迄元明。名賢代作。頗有闡明絕學者。是故地理學說。就全體而統論之。原是哲學。就各部而分晰之。卽是科學。其用至廣。其義至精。程子有言。放之則彌六合。卷之則退藏於密。其味無窮。皆實學也。吾於地理亦云然。然晚近江湖術士。剽竊緒餘。習爲吉凶禍福之說以惑人。致令真正學理。湮沒而不彰。無怪耳食之徒。視爲迷信而擯斥之矣。吾爲此懼。不得已搜集遺書。摘取精粹。斟酌乎古今之宜。匯通乎中西之說。編成上下二卷。名曰地理學新義。語意翻新。事義證實。不願效迂儒理想之談。尤不願蹈術士欺人之轍。唯望黃炎貴胄頭腦重新。而絕學有繼起之人。國粹免淪亡之患而已。時

中華民國二十三年歲在甲戌冬月浙江新昌俞仁宇自

序

地理學新義目錄

上卷

下卷

附錄

二十四位陰陽互根訣　一名父母互根訣

排山天卦訣

排山地卦訣

排水天卦訣

排水地卦訣

地理學新義上卷

浙江新昌俞仁宇編輯

地理之電學 子午針 陰陽電 雌雄電 正負電 感應電流

地理家唯一利用品曰子午針。子午針者紅頭指南黑頭指北。所以明電氣之趨向也。卜則巍曰。立向辨方。的以子午針爲正。子位乎北。午位乎南。地球南北兩極。磁石吸力最強。故子午針一名磁針。說文。磁石可以引針。俗稱吸鐵石。是巳夢溪筆談。雜誌言。方家以磁石摩針鋒。則能指南。然常微偏東。不全南也。如今羅盤之針。以南爲主。故又名指南針。指南之制。創自黃帝。史稱蚩尤。作亂。黃帝征之。戰於涿鹿之野。蚩尤作大霧以昏迷軍士。黃帝造指南車。刻木爲仙人於其上。手常指南。遂擒蚩尤。此發明指南之原始也。狐首經云。鐵乃北金。磁乃鐵母。針雖指南。本實戀北。陽生於子。陰生於午。自子至丙。東南司陽。自午至壬。西北司陰。丙午壬子。天地之中。南北之正。針用丙午。號曰指南。古代電學未明。只知磁鐵之氣相感召。不知其爲陰陽之電相吸引也。所以數千年來。地理學說。雖已發明原理。而莫能確定其氣體之名詞。尚屬無徵不信之列也。今者一經道破。通儒碩士。可於磁石引針之理。詳加研究。以澈悟陰陽之妙矣。黃囊經云。陰陽感應自相通。誰識乾坤造化功。故無論法眼道眼。務要用力於格致。而洞悉陰陽之理爲第一步。識得陰陽。然後可以看雌雄。識得雌雄。然後可以定正負而判吉凶。識得正負。然後可以知幽明而言感應。蓋地理學之不容躐等者如此。

陰陽是電氣之代名。地理家謂之動氣生氣化氣。其名雖異。其實則同。動氣者言乎龍脈之流行也。青囊會序云。先看金龍動不動。次察血脈認來龍。夫曰金龍者。本周易乾元之義。乾爲金爲龍。皆指氣而言也。有氣必有水。血脈者隨龍之水也。狐首經云。土爲氣體。氣乃水母。故龍來而兩水夾送者。其氣動也。易說震卦一陽動於二陰之下爲雷。

孔冲遠曰。陰陽相薄爲雷。陰激陽爲電。電是雷光。以是知動氣之卽爲電氣也。生氣者言乎地氣之所鍾也。狐首經云。山脈所聚。生氣所隨。葬書云。葬者乘生氣也。青囊經云。形止氣蓄。萬物化生。卜則巍曰。一不能生。生物必兩。要合陰陽。易傳云。陰陽不測之謂神。禮記云。地載神氣。神氣風霆。風霆流行。庶物露生。穀梁傳云。電霆也。古義電霆不別。以是知生氣之卽爲電氣也。化氣者言乎地質之變化也。卜則巍曰。地靈人傑。氣化形生。目講道法雙譚云。化氣之妙。如金須火冶。雪待日融。此陰陽交合之玄機。山川融結之實據也。又言穴訣有三。有浮土。有實土。有穴土。但浮土無論矣。實土在浮土之下。穴土在實土之中。如珠。如淵。如玉。如石。造化孕育。天然融結。體雖不離乎實土。惟穴土實不同乎衆土也。葬書云。夫土欲細而堅。潤而澤。裁肪切玉。備具五色。故凡真龍結穴之處。其土必細膩堅重。含有五金質地。日光之下。閃爍透明。是真正氣土也。蓋地中電氣流行。有攝聚五金礦質之能力。故穴土變化。出自天然。以是知化氣之卽爲電氣也。至於作用之妙。則陰陽二電。又有界說。青囊曾序云。陽從左邊團團轉。陰從右路轉相通。青囊奧語云。左爲陽。子癸至亥壬。右爲陰。午丁至巳丙。此陰陽分爲兩路。一以坐收。一以向收也。胡國楨羅經解定。

於二十四位之下。每位畫以十分。共成二百四十分。故二十四山。十二字爲陽。十二字爲陰。二百四十分者。卽二百四十度也。分陰分陽。各得一百二十。凡陽電經一百二十度則變陰。陰電經一百二十度則變陽。與卦氣之陰陽同例。此磁針之所以劃界也。

雌雄是電性之表見。楊筠松畫莢第十圖。劉江東以雌雄二字立名。青囊曾序云。楊公養老看雌雄。天下諸書對不同。許慎說文序云。書者如也。蓋言一切對待之物。凡屬性質不同者。皆如雌雄之類也。撼龍經云。問君如何辨雌雄。高低肥瘦兩不同。低肥爲雌雄高脊。只來此處認眞蹤。疑龍經云。問君肥瘦如何分。莫把雌雄妄輕議。大戴亦嘗有此言。谿谷爲牝低蹲伏。岡陵爲牡必雄峙。不知肥瘦有殊分。漢儒以山論夫婦。夫山高峻婦低去。此是儒家論尊卑。便是龍家雌雄語。然雌雄有形體與精神之別。李德貞曰。雄龍爲陽。雌龍爲陰。此就形體言也。若論精神之凝結。則陰中之陽爲雌。陽中之陰爲雄。故男有精而女有娠。劉敦素曰。雌爲陽。雄爲陰。有龍上雌雄。有穴底雌雄。龍上星辰。覆者雄而仰者雌也。穴內雌雄者。立穴處兩邊微茫水。送至坐下交合。名曰雌雄相食。又曰仰爲陽。覆爲陰。故陰強陽弱。強者雄而弱者雌也。蓋以雌雄交媾之際。男尊而覆。

女卑而仰。一仰一覆。陰陽顛倒。互相摩，擦而生電。其性理之表見若此。

正負是電氣陰陽二性之異同。磁針向南。其性屬陽。磁針向北。其性屬陰。陰陽二電。異性則相引爲正。同性則相斥爲負。正電吸入。負電噓出。一正一負。而吉凶判焉。青囊經云。陰用陽朝。陽用陰應。陰陽相見。福祿永貞。陰陽相乘。禍咎踵門。夫陰陽之義。取乎對待。天地一陰陽也。山水一陰陽也。青囊經云。天分星宿。地列山川。星宿之光。不明於晝而明於夜。是天有發光之電也。以地承天。而天空之電從光。地下之電從氣。周易以乾爲天而位乎南。坤，爲地而位乎北。此陰陽二性所由判也。陰電常行於地下。入水則光折而爲陽。陽電常發於空中。入土則光同而爲陰。陰電吸陽。故得山氣者。要坐滿朝空。陽電收陰。故得水氣者。要柔來剛應。是以陰見陽。陽見陰。陰陽冲和。如夫與婦。有周易咸恆之道焉。蔡元定曰。金木火星爲陽龍也。水土星爲陰龍也。故水土來龍。喜見金木火星辰。金木火來龍喜見水土星辰。又太陽與太陰相配。少陰與少陽相配。譬如男性之與女性。本屬兩家。及其發生戀愛之情。便有二人同心之利。造微賦云。眷屬一家。縱輕微而有用。蓋卽電氣異性相引之效也。若夫陰乘陰。陽乘陽。陰陽抵觸。如雷之擊。其凶可知。徐試可曰。龍脈體勢。來如仰掌。名曰獨陽。純陽則男子無婦。來如劍脊。名曰孤陰。純陰則美女無夫。故仰掌之脈。莫下窩鉗。劍脊之龍。休扦乳突。推之一六與三八相忌。二七與四九相忌。均爲同居不同志。象易之睽。蓋卽電氣同性相斥之禍也。

幽明之感應。乃灌輸電氣之妙用也。靑烏經云。百年幻化。離形歸真。精神入門。骨骸反根。吉氣感應。鬼神及人。狐首經云。氣行地中。冲和蒸育。遺體溫潤。生者安甯。陰宅祟擾。家訟乃興。旡感而應。鬼福及人。葬書云。人受體於父母。本骸得氣。遺體受蔭。蓋以骸骨爲血脈所附。血脈之中。含有鐵質。電隨鐵行。因此與其血統關係者。有寂然之感應焉。泰西電學家言傳電線內生電流。謂之感應電流。意亦猶是。但西人所發明者。形下之學。非形上之學也。形上之學維何。易傳曰。仰以觀於天文。俯以察於地理。是故知幽明之故。原始反終。故知死生之說。精氣爲物。遊魂爲變。是故知鬼神之情狀。蓋陽極生陰。陰極生陽。乃造化之公例。曰幽明。曰死生。曰鬼神。就直接言之。幽也死也鬼也。皆負電之類。明也生也神也。皆正電之類。正負相反。自無感應之可言。就間接言之。幽而明。死而生。鬼而神。均爲陰中得氣。便是陰電。陰與陽相感應。理有固然。事有必至也。地理妙用。能令既死之魂魄。感受電氣。以灌輸於生人。而奪造化之權者。其義若此。

地理之化學

氣體　液體　固體　化分　化合

地理之書。首推青囊。青囊三卷。直是一部化學耳。其上卷言化始。所以明化分化合之體也。天下物體。共有三種。一曰氣體。又名氣質。二曰液體。又名流質。三曰固體。又名定質。至於化分化合之法。或主以五行。或主以八卦。各有所宜。毋得拘泥。五行者。尚書洪範篇云。一曰水。二曰火。三曰木。四曰金。五曰土。五行有氣。謂之五兆。五兆有數。本乎河圖。生成化合。爰有萬物。故一六共宗屬水。二七同道屬火。

三八爲朋屬木。四九爲友屬金。五十同途屬土。水爲流質。火爲氣質。金木土爲定質。質雖有異。要皆屬於五行之氣。葬書云。五氣行乎地中。發而生乎萬物。是已。泰西化學家言氣質之要素五。曰輕曰炭曰酸曰淡曰養。此與五行之說。名異而實同也。故夫輕氣可以配一。炭氣可以配二。酸氣可以配三。淡氣可以配四。養氣可以配五。易傳曰。天一生水。地六成之。地二生火。天七成之。天三生木。地八成之。地四生金。天九成之。天五生土。地十成之。是以一合五得六而爲水，故輕養化水。二合五得七而爲火。故炭養化火。三合五得八而爲木。故酸養化木。四合五得九而爲金。故淡氣雖不化。而合養成金也。五合五得十而爲土。故輕酸崁淡。皆合於養而五土四備焉。是故地脈之流行。卽五氣之流行也。地脈之變化。亦卽五氣之變化也。蔡季通曰。水爲木過。水弱則變木。爲火煎。水沍則變火。爲土壅。水竭則變土。爲金孕。水枯則變金。火爲水潑。火滅則變水。爲木擲。火衰則變木。爲土壓。火熅則變土。惟金不能變火。必資土生之而後能變木。金如得土。其變無傷。木爲火焚。木燼則變火。爲水泛。木流則變水。爲金斷。木盡則變金。爲土壓。木朽則變土。土爲水淘。土潰則變水。爲火燒。土枋則變火。爲水流。土㮮則變水。爲金孕。土耗則變金。惟金難變。火煉則成水滋則秀土厚則產水淺則傷火烈而鎔則變而多凶龍多金星蓋難變也八卦者乾爲天坤爲地艮爲山兌爲澤震爲雷巽爲風坎爲水離爲火分布八方是爲八體因而重之爲六十四化學原質於是乎備故八卦爲母六十四卦爲子母者化合之體也分之則爲子子體又分則爲孫有化化無窮之妙焉青囊會序云先天羅經十二支後天再用干與維八干四維輔支位子母公孫同此推蓋以離南坎北震東兌西坤西南艮東北巽東南乾西北八卦之中各有三爻共成二十四位與羅經相合故蔣大鴻曰卦爲之母而二十四路爲之子焉卦爲之公而二十四路

爲之孫焉。於是配以洛書。則背一面九。三七居旁。二八四六。縱横紀綱。皆可爲分劑之數矣。

靑囊中卷言化機。所以明化分化合之用也。用與體相對。故地爲體則天爲用。形爲體則氣爲用。陰爲體則陽爲用。陽爲體則陰爲用。其體分者其用必合。其體合者。其用必分。天分星宿。故有四垣。有五星。有七政。四七二十有八宿。一以地德上載之。何令通曰。地無精氣。以星光爲精氣。地無吉凶。以星氣爲吉凶。是化分在天而化合在地也。地列山川。是謂有形。有形必有氣。故氣行於地。有氣必有形。故形麗於天。青烏經云。內氣萌生。外氣成形。故形止氣蓄。萬物化生。是化分爲氣而化合爲形也。陰用陽朝。陽用陰應。是電氣之異性相合也。合則兩美。故陰陽相見。福祿永貞。不合則兩傷。故陰陽相乘。禍咎踵門。地理辨惑云。山之氣。陰也。自祖山起伏擺動而下行。水之氣陽也。自總水口盤旋曲折而上行。同位於結穴之區。水之三叉。抱向穴後。山之龍虎。抱向穴前。是陰氣化分則化合必陽。陽氣化分則化合必陰也。

靑囊下卷言化成。所以明化合化分之終始也。大凡氣質化合。斯爲流質。流質化合。斯爲定質。由定質而化分之。則爲流質。由流質而化分之。則爲氣質。此造化循環不息之

妙也。故無極而太極。氣化之原始也。朱晦庵曰。氣以成形
而理亦賦焉。故理寓於氣。氣囿於形。形者何。流質也。定質
也。定質必剛。流質必柔。易傳云。立地之道。曰柔與剛。剛性
屬陽。故其氣上騰。爲日月星宿。是定質化爲氣質矣。柔性
屬陰。其氣下凝。爲山川草木。是流質化爲定質矣。定質變
化。是爲內氣。故內氣止生。流質變化。是爲外氣。故外氣行
形。狐首經云。土形氣行。物因以生。故地有四勢。氣從八方。
葬書云。外氣所以止內氣。過水所以止來龍。故乘風則散。
界水則止。蔣大鴻曰。大塊之間。何處無風。何處無水。風原
不能散氣。所以噓之使散者。病在乎乘。水原不能止氣。所

以吸之使止者。妙在乎界。由是思之。乘者是化分之義。界者是化合之象。化分則定質之氣。散而爲流化合則流質之氣。聚而爲定。葬書云。古人聚之使不散。行之使有止。故謂之風水。風水之妙。只在一分一合之間。分也化合也化。分分合合。無在而不化。則地理之學。盡於是矣。

地理之光學

囘光　折光　聚光　散光

地理家每於翫水觀山之際。有視遠若近。視高若卑。視淺若深。發生一種疑問。從未有能解決者。不知此乃視線之變遷。折光囘光之故也。折光者。光線被折而改換方向。或折而上湧。或折而下墜。上湧則雖低若高。下墜則雖近若遠。囘光者光線進行而忽然囘返。或因層級而囘。或因間隔而囘。層級則雖高若卑。間隔則雖遠若近。故夫光線所經。遇透明之體。非折而上湧。卽被阻而囘。遇不透明體。非層級而囘。卽折而下墜。透明體者。水之類也。不透明體。山之類也。山以囘光而有情。水以折光而有意。情意之妙。難以言傳。黃囊經云。窗外月明窗內白。水邊花發水中紅。二語形容極妙。但不免令人索解。天寶經載曾公問曰。窗外月明窗內白。如何。楊公答曰。龍到平洋臨田結穴者。上有來下。無出脚。但見田塍兜轉。似帶似蛾眉拱護本身。卽此上便是穴。是爲窗外月明窗內白者。葬影也。此其取囘光之法。何等明切。又曾公問曰。水邊花發水中紅。如何。楊公答曰。高山龍落平地。遇湖池邊融結者。名曰天井龍池。切要看來脈突起處。開井淺深。要與湖水相應。湖池之上。要四時有水者吉。池無水。謂之獨陰。不成。是無地。蓋卽取折光之義也。由是推之。高下淺深。皆有回光。尖斜屈曲。皆有折光。光回者取其圓。光折者取其方。圓者周旋而中規。方者折旋而中矩。規矩之中。有聚光點在焉。青烏經云。山川融結。峙流不絕。雙眸若無。烏乎其別。夫雙眸之於山川。光線所及也。以光線而定山川之融結。非取聚光點而何。楊筠松曰。日月在天幾萬里。陽遂方諸毫髮細。聚光回射當凹中。水火卽復生聚起。要識裁穴亦如斯。穴聚前朝由水氣。來山旣聚衆氣來。下了須臾百祥至。取水取火須自爲。方識陰陽論氣聚。可知氣聚之處。卽是聚光點。別無疑義。然光有聚必有散。譬如太陽之下。照其光之聚處。熊熊如火。散之則現赤橙黃綠青藍紫七色。是以光聚者氣亦聚。光散者氣亦散。氣之聚散。常隨光線而變遷。狐首經云。觀山之法。瞻前顧後。視左窺右。得之於目。應之於心。蓋取前後左右之中。而得其聚氣點也。至管氏指蒙又言。望氣之法。眩目縈心。則是視線變遷。幾無定論。然狐首所觀者。得其氣之聚也。管氏所望者。望其氣之散也。有諸內必形諸外。即聚可以知散。即散可以知聚。其揆一也。故望氣尋龍章云。天子之氣。內赤外黃。或恆或殺。發於四方。葱葱而起。鬱鬱而衝。如城門之廓霧。如華蓋之起雲。中如青衣而無手。象龍馬之有容。名爲旺氣。此地興王宰相之氣。赤光閃起。如星月而彎趨。如長虹而斜倚。或內白而外黃。或前青而後紫。或郁郁而光照穹廬。或紛紛而暈如兩珥。青如牛頭。黃如虎尾。猛將之氣。如門戶而迴異。如光芒而應弓。如流星而燭地。初若雲烟。終如鼎沸。如竹木而本卑。如塵埃而頭利。內白而外赤。中青而下黑。如搖旌踏節而五色皆全。如彎弓張弩而爪牙俱備。福喜之氣。上黃下白。如牛頭之觸人。如羊羣之相迫。如人持斧以騰身。如將舉首而向敵。或如堤坂。或如木殖。暴敗之氣上連下劈。聚而復興微而復赫。如捲石揚灰。如亂穰壞帛。如驚蛇飛鳥。如偃魚巨舶。是皆山川凝結之氣。出於造化之自然而不假人爲者。然地理家又有以人事奪天工之巧矣。狐首經云。目力之巧。功力之具。趨全避缺。損高益下。葬之必吉。是故作用之妙。險者使之夷。抗者使之卑。去者使之留。逼者使之讓。散者使之聚。種種作法。確有準驗。嘗見有玄武壁立者險矣。若於合襟之下。開一池塘。或圓或方。俾穴山之形影折入水中而水面光回。足與後山相稱。則險者自夷。此一法也。

又有朝山高峻者抗矣。若於明堂之前。堆一攔土以爲近案。則目光所及。只見山頂來朝。而抗者自卑。此又一法也。又有穴前傾跌者。其水去矣。若於明堂作層級之狀。如蚌疊式。則光線趨平。不見陡瀉。而去者自留。此又一法也。又有左右高壓者逼矣。若以內明堂作橫闊之形。如伏虎式。而放大其規模。則光線展開。而逼者自讓。此又一法也。又有局勢廣闊者散矣。若於塚堆旁近。圍以羅圈。則光線收緊。而散者自聚。此又一法也。噫。古之聖人。有以裁成天地之道。輔相天地之宜者。意在斯乎。彼不知光學而妄談地理者。其與盲人何以異耶。

地理之聲學 空氣傳聲 聲浪 回浪

目講道法雙譚。有設水堆置動物。或奮以池。或發以鐘。爲打動龍神之法。驟聞此語。似無理由之可明而孰知其爲空氣之作用也。大凡物體振動。斯成爲聲。而所以傳此聲者。空氣主之。蓋空氣隨發聲之物而動迭起濃淡之層暈。形如水浪。是爲聲浪。聲浪發則空氣動。空氣動則雷風之氣薄於下。山澤之氣通於上。而草木土石。有欣欣向榮之意。此地之所以靈也。又嘗於高山深谷之間。發一重大之聲。卽有第二聲隨之。若自他回應者。名曰回聲。玉髓經云。山中響答人開墓。蓋以回聲之處。四山高大。空氣被阻而不得發越也。不得發越。是無所去。無所去卽無所來。空氣不來。則出入廢而神機化滅矣。葉九升曰。龍過長峽通陽風。陽風最能舒煞氣。龍不通風則太鬱。如室盡將門窗閉。易傳云。撓萬物者莫疾乎風。風者空氣動蕩之謂也。動蕩則有聲。不動則無聲。是故空氣傳聲。乃天地交通之明證。智者於此。有以審吉凶於無形之中矣。葬書云。銅山西崩。靈鐘東應。聲音之微。通乎物理。雪心賦云。其或聲響如環佩。進祿進財。若然滴漏注銅壺。守州守郡。鼕鼕洞洞響而亮者爲貴。淒淒切切。悲而泣者爲災。夫所謂環佩之聲者。鳴珂水是也。地理人子須知。言水入田窟或入石竅。滴瀝如鳴珂。其聲和而婉。所謂銅壺滴漏之聲者。有源之水是也。子輿氏曰。源泉滾滾。不舍晝夜。其聲清且連。所謂響亮之聲者。磔鼓水是也。玉髓經云。別有一般名磔鼓。鼕鼕鬨鬨如擂鼓。其聲高而朗。然曾文辿山水真訣云。水流如鼓響嘈嘈。其聲又雜而且濁矣。所謂悲泣之聲者。水流湍急是也。玉髓經云。水底悲鳴鬼在家。其聲細以幽。楊筠松曰。水流滯急。聲如雷。則其聲又暴而烈。是故塚宅之旁有高洧低。有通有塞。均為聲浪變遷之原因。不可以不察也。昔俞伯牙鼓琴。鍾子期聽之。而知意在高山流水之間。微乎微乎。其聲學之通於地理乎。抑地理之通於聲學乎。神而明之存乎其人。

地理之重學

地心吸力　重力　重心　向心力　離心力

明初有楊宗敏者。登山隔十里許。卽知結穴坐向。及倒杖毫釐不爽。決吉凶消長若影響然。其徒徐守忠。亦精堪輿術。世傳宗敏爲人扦墳。先埋金錢。命復穴之。徐以鐵針指示。果穿金錢。新昌邑志載其事甚悉。予始以爲異。及覽黃石青烏白鶴之傳。與管郭楊曾廖賴等諸名作。然後知地理家精微玄妙之鑒別力。乃是靜中取動。動中取靜。合於重學之原理也。重學之源。起於地心吸力。自有吸力而後物體有向下之重力。自有重力而後物體有一定之重心。

自有重心而後物體有向心力與離心力之別。自有向心力與離心力而後物體之定有向而無向。物體之向無定而有定也。山水者、亦地面之物體也。山水有向往之勢謂之龍。龍之大小。卽重力之大小也。龍之所止謂之穴。穴之眞假。卽重心之眞、假也。至龍穴之前後左右。有砂水焉。砂水之吉凶。以向心力與離心力別之。向心則吉。離心則凶也。故漢人論龍。以勢爲先。勢之云者。如轉圓石與千仞之上。重速積力。是爲重力。積之厚者其力大。積之薄者其力小。葬書云。勢如萬馬。自天而下。其葬王者。勢如巨浪。重嶺疊嶂。千乘之葬。勢如降龍。水遶雲從。爵祿三公。勢如重屋。

茂草喬木。開府建國。言其積重之力厚而勢大也。又云。勢如驚蛇。屈曲徐斜。滅國亡家。勢如戈矛。兵死刑囚。勢如流水。生人皆鬼。言其積重之力薄而勢小也。狐首經云。勢爲來龍。形爲坐穴。故勢來形止。是爲全氣。全氣之地。有天然之巒頭。必合天然之理氣也。狐首又云。針用丙午。號曰指南。天心既辨。地心既正。四維克張。吉凶默定。理氣之用針。所以候吸力也。故辨吸力於形象之中。則以針之一線。劃分左右。是已。如辨吸力於體質之中。則以針之一線。貫通上下。是已。明乎左右。則四維由是而張。明乎上下。則吉凶由是而定。若左右不分。何以辨天心。上下不貫。何以正地

心。青囊奧語云認龍立向要分明在人仔細辨天心。天心
既辨穴何難。但把向中放水看。蓋水之所去。其勢必下。即
重力向下之見端也。重力向下而有一定之止點。是爲重
心。重心者天地之中也。故天心辨而地心亦正。正者止也。
說文从一止以止。註守一以止也。孔子曰。於止知其所止。
物理也。人事也。在止於至善而已。目講穴髓問答云地理
之法無他。惟求到此止處。然止有名同而實異者。不可不
辨也。據砂水以爲安而不察星辰有無者。其於止也遠。循
星脈以爲正而不知砂水之饒減者。其於止也疎。執饒減
以爲是，而不察自然之分數者。其於止也泥。止亦多術矣。

有砂水先止而穴後止者。有砂水後止而穴先止者。有似去而實止者。有似止而實去者。有單提邊收而全局俱止者。有兼收並攬而大勢不止者。有先止後去而失爲止者。有先去後止而亦得爲止者。有入穴皆止。出穴不止者。有穴後皆止。穴內不止者。有因成穴而後止者。有因作用而後止者。有三止一去而竟不止者。有三去一止而竟卽止者。有脈盡而止者。有脈盡而又非止者。有搶朝而止者。有避朝而止者。千變萬化。莫可端倪。然則求之者如之何而後可哉。蓋砂水流行。其性多動。或是斜飛。或是直竄。或是奔騰。或是傾跌。參錯不齊。何嘗定也。一見真穴。則去者以留。傾者以平。欹者以正。危者以定。一齊都不敢動。故觀山翫水者。不可不知重心之所在。重心定則全體俱正。是爲真穴。重心不定則全體不正。是爲假穴。蓋重心之心。在體質之中。而不在形象之中。若執形象之中以求之。竊恐穿心中出。龍虎齊全。適爲花假迷人之具。而真龍真穴。反在所棄矣。地固有具體方正。厚薄均匀。而重心即在乎中心者。然不可以拘泥也。李德貞曰。如三枝並出。縮者爲尊。取其中之義也。若左右二股不來包護。而或逆而走上。俱纏上股。則上股貴矣。或順而走下。俱纏下股則下股貴矣。如二枝分結。以上者爲正。下者爲纏。然亦有箇辨法。若上股結穴。下股逆水走上護之。則二枝中之上枝正矣。設使下股結穴。上股反走下護之。則二枝中之下枝正矣。但下枝正結者。必裏面有同祖分來一枝。在下枝之下。作下股之纏。又或自己分作兩枝。爲自己之下纏。方纔是正。是故地理之道。必合內外以參觀。龍穴爲內。砂水爲外。砂水之纏護龍穴者。有向心力。不來纏護而反背者。有離心力。格致家言離心力者。重物繞行。恆欲離所繞之心。變直行而向外之力也。向心力者。使繞行之物。漸近所繞之心之力也。周景一曰。無向背則不見性情。無稜角則不顯背面。稜者分開大八字有弦稜也。角者明肩護帶之梢如月角也。如手臂鵝毛之覆與仰而不向不背亦爲無稜角。外背內面而有稜角者。抱來固爲向。豁開亦爲向。如蓮花半開時。固向其心。至謝時而花瓣垂下。亦未嘗不向其心。內背外面與無稜角背面者。豁開固爲背。抱來亦爲背。如鄰菜之葉。與我菜心相違。固是背我。卽蓋過我菜心之上。亦是背我。此其喻向心離心之理。至爲明切。學地理者。能依此法以求真龍正穴。自可不失其重心矣。然而猶有進焉。目講穴髓問答云。人皆知龍虎前後。有花假空亡。而不知真穴亦有花假空亡。何也。葬近真穴而不得其真。曰似穴。葬侵真穴而不得其全。曰壞穴。葬得其全。打龍神不動。曰呆穴。有一於此。終落空亡。似穴壞穴無論矣。穴心既得而仍有不免於呆者。非穴心之不足據也。穴心之重心有定。穴心外之砂水。或向或離。則重心必被牽動而無定。故地理之精妙入神者。不僅知山水之重心而已。知其重心。而并能悉重心有運動之次數。運動重心者。卽擺動重心也。物體擺動之次數。必其擺長之度。凖諸重心之點與懸點相距之數同等。故龍脈有出身有過峽有束氣。皆懸點也。穴前有內陽中陽外陽。出水之口。皆擺長之度也。故地理家有箇精微玄妙之鑒別法。不在龍穴砂水之外。亦不在龍穴砂水之中。而却在非中非外。亦中亦外之交。天機妙訣。唯此爲真。青囊曾序云。天上星辰似織羅。水交三乂要相過。水發城門須要會。却如湖裏雁交鵝。此種妙喻。正與擺動重心之義相合。然後知穴有交度。上下之重心也。向有交度。左右之中心也。若不明上下之交度。則失其重心。而穴非正穴。不明左右之交度。則失其中心。而向非正向。黃囊經云。陰陽交度雌雄喜。舉頭回顧裏。龍虎交度三五重。此訣是真龍。陰陽度淺雌雄會。左右交相對。更須水口大山關。此地是堪安。故正穴之定。有向而無向。正穴之向。無定而有定也。目講穴髓問答云。昔有入定者。或點之曰。今日定。明日不定。此善言定者也。定無常定。是爲真定。止無常止。

是爲真止。雖然。此要機也。上知能知之。鈍根不能也。

地理之礦學

地心熱力　礦苗　礦質

地氣之溫暖。卽成礦之原理也。龍脈之過峽。卽礦苗之流露也。穴心之證驗。卽礦質之精英也。成礦之源。由於地心熱力。地理家因之。取其溫度以定穴焉。狐首經云。陰陽冲和。五土四備。已穴而溫。名曰吉氣。張子微曰。雪深數尺皆積白。獨有當穴見地皮。氣暖冲融雪不結。方圓只有尺丈兒。地氣所鍾。於斯爲驗。然地氣發軔之初。必有礦苗流露。可以前知。太華經云。石脈過時。龍骨現真龍露骨出奇形。辜託長曰。過峽土色。青黃紅白黑。穴內之土。亦青黃紅白黑。過峽石。穴中亦石。名石占穴。過峽水。穴卽水。名龍泉穴。過峽泥。穴中亦泥。名龍髓穴。張子微曰。又有名爲生礦土。下出紅泉多沮洳。此山定有銀錢礦。他日或爲興利處。又言湯泉龍。多巧斷閃鑠。山多石骨。石多黃瑩色。或金星石。閃斷處必有黃石綵線引度。不然。石有黃白相間。青紫純白。若緋黑則爲下。凡見石骨金星黃色光彩燦爛。此湯泉之龍也。又溫泉龍。山勢高峻。稠疊皆黃白石。或先有黃泉滴瀝。至出泉處。却多是平田地窾。可爲亭榭。甃砌洗浴。必然之驗也。又言溫泉醴泉。則旺氣已鍾於泉。不復成地。是以紅泉之地。必有銀礦。腥泉之地。必有鐵礦。湯泉溫泉之地。必有硫黃礬石。融結在下。皆為礦苗流露之一斑也。至如礦質之融結。原屬天造地設。而竟有出人意表者。張子微形穴驗髓篇。言男形必有圓光石。白色瑩潔。或如鶴鵝卵。或紫石英。僧形有舍利子。顆粒分明。如丹砂。仙形有軟石髓。光滑如泥。女形有石乳。或微泉出。或小圓石。白雪光瑩。胎女有石中黃。乳婦有石乳汁。或白石如酥。或石如孩兒。武形有古器刀劍。龍形有龍珠石。紅潤晶光。或五色石。或五色土。或火焰石破碎尖銳。虎形有威骨石如雀卵色。如馬腦。或圓石。獅形有銅錫器。或毬形石。或雞肝五色石。或古鈴。或金星石。象形有大圓白石。或金星石。或爛銀色

土。駝馬有石如脛骨。或如鵝管。或紫糖色雞肝石。或黑圓
石。或異國寶物。病駝死馬有黑爛雞肝石。羊形有石如魚
肝。或白如羊腎。或石塊紫斑文。或石丸黑白色。狗形有圓
長石。或如圓骨碎如筋。或牙骨。或奇怪木根。牛形有石如
舌。或似牛睛光黑色。或石有孔竅。狀如牛肚蜂房。或如假
山石。中空玲瓏。兔形有石沙如粟。或如鼠屎。或如豆子。鷹
鷂有雞肝石。黃紫微紅色。鳳形有赤石如珠。或五色石。或
紅赤雞肝石。或如丹砂。龜鱉有赤石如雀卵。或石洞中空。
兼間土石有溫煖氣。魚形有白石如魚泡頭圓尾銳。或黃
沙。或白沙。或雲母石。或石蝦石蟹。蟹形有石中黃。或黃沙。

或赤黃色土。稠粘且重。玉蝦有棕文石。或白石小且長。或粉白土。蛇形有光圓蛇含石。黃紫微紅。或紫石如蛙蛤。或斑石生芒角。星象有圓石之類。種種內應。歷試不爽。故并舉之以資礦學之攷鏡焉。

地理學新義　　　浙江新昌俞仁宇編輯

下卷

地理之算學 理數　氣數　象數　里數

地理之學。有理數。有氣數。有象數。有里數。故必以算學爲基礎。

理數者。原於河洛。河洛之用。宜加減法。青囊經云。一六共宗。二七同道。三八爲朋。四九作友。五十同途。蓋言河圖之數也。又云中五立極。臨制四方。背一面九。三七居旁。二八四六。縱横紀綱。蓋言洛書之數也。理氣精蘊云。一二三四五爲生數。六七八九十爲成數。此生成之數各五位也。一與四。二與三。各合成戊土五數。一與九。二與八。三與七。四與六。各合成己土十數。一加五爲六。二加五爲七。三加五爲八。四加五爲九。六與九。七與八。各合成十五數也。其取合五合十合十五者。蓋以各成太極之故也。周易朱子圖說云。太極之判。始生一奇一偶而爲一畫者二。是爲兩儀。其數則陽一而陰二。在河圖洛書則奇偶是也。兩儀之上各生一奇一偶而爲二畫者四。是爲四象。其位則太陽一。少陰二。少陽三。太陰四。其數則太陽九。少陰八。少陽七。太陰六。以河圖言之。則六者一而得於五者也。七者二而得於五者也。八者三而得於五者也。九者四而得於五者也。

以洛書言之。則九者十分一之餘也。八者十分二之餘也。七者十分三之餘也。六者十分四之餘也。四象之上各生一奇一偶而爲三畫者八。於是三才略具而有八卦之名矣。八卦成列。方位以定。乃配河洛之數。一六與四九爲一路。二七與三八爲一路。陰陽交媾。子母互根。而後羅經二十四字各得山水之定數矣。

壬屬坎爻。値洛書一數。一爲太陰。配太陽之四。四巽也。巽與乾對爲後天父母。得先天艮兌之氣。艮以六交兌之四而兌消之。故六去五爲一。一四合五而太極生焉。故自巽起一。順數至坎而胎戌爲七。七對三。故七出胎爲三。而壬山之天卦屬三震。逆數至坎而胎成爲四。四對六。故四出胎爲六。而壬水之地卦屬六乾。若艮交兌而乾入巽。則四變爲六。六四合十而太極孕焉。故自巽起六。順數至坎而胎成爲二。二對八。故二出胎爲八。而壬山之地卦屬八艮。逆數至坎而胎成爲九。九對一。故九出胎爲一。而壬水之天卦屬一坎。

子屬北方坎卦。值洛書一數。一爲太陰。配太陽之九。九離也。離與坎對爲後天父母。得先天乾坤之氣。乾以九交坤之一而坤消之。故九去五爲四。四一合五而太極生焉。故坎得四。順行而子水之天卦屬四巽。逆行而子山之地卦亦屬四巽。若乾交坤而午入子。則一化爲九。九一合十而太極孕焉。故坎得九。順行而子水之地卦屬九離。逆行而子山之天卦亦屬九離。

癸屬坎爻。值洛書一數。一爲太陰。配太陽之四。四巽也。巽與乾對爲後天父母。得先天艮兌之氣。艮以六交兌之四而兌消之。故六去五爲一。一四合五而太極生焉。故自巽起一。順數至坎而胎成爲七。七對三。故七出胎爲三。而癸水之地卦屬三震。逆數至坎而胎成爲四。四對六。故四出胎爲六。而癸山之天卦屬六乾。若艮交兌而乾入巽。則四變爲六。六六四合十而太極孕焉。故自巽起六。順數至坎而胎成爲二。二對八。故二出胎爲八。而癸水之天卦屬八艮。逆數至坎而胎成爲九。九對一。故九出胎爲一。而癸山之地卦屬一坎。

丑屬艮爻值洛書八數。八爲少陰。配少陽之七。七兌也。兌與震對爲後天父母。得先天離坎之氣。離以三交坎之七而坎息之。故三加五爲八。八七合十五而太極成焉。故自兌起八。順數至艮而胎成爲二。二對八。故二出胎爲八。而丑水之地卦屬八艮。逆數至艮而胎成爲四。四對六。故四出胎爲六。而丑山之天卦屬六乾。若離交坎而震入兌。則七變爲三。三七合十而太極孕焉。故自兌起三。順數至艮爲七。七對三。故七出胎爲三。而丑水之天卦屬三震。逆數至艮爲九。九對一。故九出胎爲一。而丑山之地卦屬一坎。艮爲東北之卦。值洛書八數。八爲少陰。配少陽之二。二坤也。坤與艮對爲後天父母。得先天巽震之氣。巽以二交震之八而震息之。故二加五爲七。七八合十五而太極成焉。故艮得七。順行而艮山之地卦屬七兌。逆行而艮水之天卦亦屬七兌。若巽交震而坤入艮。則八化爲二。二八合十而太極孕焉。故艮得二。順行而艮山之天卦屬二坤。逆行而艮水之地卦亦屬二坤。

寅屬艮爻。值洛書八數。八爲少陰。配少陽之七。七兌也。兌與震對。爲後天父母。得先天離坎之氣。離以三交坎之七而坎息之。故三加五爲八。八七合十五而太極成焉。故自兌起八。順數至艮而胎成爲二。二對八。故二出胎爲八。而寅山之天卦屬八。艮逆數至艮而胎成爲四。四對六。故四出胎爲六。而寅水之地卦屬六。乾若離交坎而震入兌。則七變爲三。三七合十而太極孕焉。故自兌起三。順數至艮爲七。七對三。故七出胎爲三。而寅山之地卦屬三。震逆數至艮爲九。九對一。故九出胎爲一。而寅水之天卦屬一。坎甲屬震爻。值洛書三數。三爲少陰。配少陽之二。二坤也。坤與艮對。爲後天父母。得先天震巽之氣。震以八交巽之二而巽消之。故八去五爲三。三二合五而太極生焉。故自坤起三。順數至震而胎成爲九。九對一。故九出胎爲一。而甲山之天卦屬一坎。逆數至震而胎成爲七。七對三。故七出胎爲三。而甲水之地卦屬三。震若震交巽而艮入坤。則二變爲八。八二合十而太極孕焉。故自坤起八。順數至震爲四。四對六。故四出胎爲六。而甲山之地卦屬六。乾。逆數至震爲二。二對八。故二出胎爲八。而甲水之天卦屬八艮。

卯屬東方震卦。值洛書三數。三爲少陰。配少陽之七。七兌也。兌與震對爲後天父母。得先天坎離之氣。坎以七交離之三而離消之。故七去五爲二。二三合五而太極生焉。故震得二順行而卯水之天卦屬二坤。逆行而卯山之地卦亦屬二坤。若坎交離而酉入卯。則三化爲七。七三合十而太極孕焉。故震得七。順行而卯山之地卦屬七兌。逆行而卯水之天卦亦屬七兌。

乙屬震爻。值洛書三數。三爲少陰。配少陽之二。二坤也。坤與艮對爲後天父母。得先天震巽之氣。震以八交巽之二而巽消之。故八去五爲三。三二合五而太極生焉。故自坤起三順數至震而胎成爲九。九對一。故九出胎爲一。而乙水之地卦屬一坎。逆數至震而胎成爲七。七對三。故七出胎爲三。而乙山之天卦屬三震。若震交巽而艮入坤。則二變爲八。八二合十而太極孕焉。故自坤起八。順數至震爲四。四對六。故四出胎爲六。而乙水之天卦屬六乾。逆數至震爲二。二對八。故二出胎爲八。而乙山之地卦屬八艮。辰屬巽爻。值洛書四數。四爲太陽。配太陰之一。一坎也。坎與離對爲後天父母。得先天乾坤之氣。乾以九交坤之一而坤消之。故九去五爲四。四一合五而太極生焉。故自坎起四。順數至巽而胎成爲八。八對二。故八出胎爲二。而辰水之地卦屬二坤。逆數至巽而胎成爲一。一對九。故一出胎爲九。而辰山之天卦屬九離。若乾交坤而離入坎。則一化爲九。九一合十而太極孕焉。故自坎起九。順數至巽爲三。三對七。故三出胎爲七。而辰水之天卦屬七兌。逆數至巽爲六。六對四故六出胎爲四。而辰山之地卦屬四巽。

巽爲東南之卦。值洛書四數。四爲太陽。配太陰之六。六乾也。乾與巽對爲後天父母。得先天艮兌之氣。艮以六交兌之四而兌消之。故六去五爲一。一四合五而太極生焉。故巽得一。順行而巽山之地卦屬一坎。逆行而巽水之天卦亦屬一坎。若艮交兌而乾入巽。則四變爲六。六四合十而太極孕焉。故巽得六。順行而巽山之天卦屬六乾。逆行而巽水之地卦亦屬六乾。

巳屬巽爻。值洛書四數。四爲太陽。配太陰之一。一坎也。坎

與離對爲後天父母。得先天乾坤之氣。乾以九交坤之一
而坤消之。故九去五爲四。四一合五而太極生焉。故自坎
起四。順數至巽而胎成爲八。八對二。故八出胎爲二。而已
山之天卦屬二坤。逆數至巽而胎成爲一。一對九。故一出
胎爲九。而已水之地卦屬九離。若乾交坤而離入坎。則一
化爲九。九一合十而太極孕焉。故自坎起九。順數至巽而
胎成爲三。三對七。故三出胎爲七。而已山之地卦屬七兌。
逆數至巽而胎成爲六。六對四。故六出胎爲四。而已水之
天卦屬四巽。
丙屬離爻。值洛書九數。九爲太陽。配太陰之六。六乾也。乾

與巽對爲後天父母。得先天兌艮之氣。兌以四交艮之六而艮息之。故四加五爲九。九六合十五而太極成焉。故自乾起九。順數至離而胎成爲六。六對四。故六出胎爲四。而丙山之天卦屬四巽。逆數至離而胎成爲三。三對七。故三出胎爲七。而丙水之地卦屬七兌。若兌交艮而巽入乾。則六化爲四。四六合十而太極孕焉。故自乾起四。順數至離爲一。一對九。故一出胎爲九。而丙山之地卦屬九離。逆數至離爲八。八對二。故八出胎爲二。而丙水之天卦屬二坤。午屬南方離卦。值洛書九數。九爲太陽。配太陰之一。一坎也。坎與離對爲後天父母。得先天乾坤之氣。坤以一交乾之九而乾息之。故一加五爲六。六九合十五而太極成焉。故離得六。順行而午水之天卦屬六乾。逆行而午山之地卦亦屬六乾。若坤交乾而子入午。則九變爲一。一九合十而太極孕焉。故離得一。順行而午水之地卦屬一坎。逆行而午山之天卦亦屬一坎。

丁屬離爻。值洛書九數。九爲太陽。配太陰之六。六乾也。乾與巽對爲後天父母。得先天兌艮之氣。兌以四交艮之六而艮息之。故四加五爲九。九六合十五而太極成焉。故自乾起九。順數至離而胎成爲六。六對四。故六出胎爲四。而丁水之地卦屬四巽。逆數至離而胎成爲三。三對七。故三出胎爲七。而丁山之天卦屬七兊。若兊交艮而巽入乾。則六化爲四。四六合十而太極孕焉。故自乾起四。順數至離而胎成爲一。一對九。故一出胎爲九。而丁水之天卦屬九離。逆數至離而胎成爲八。八對二。故八出胎爲二。而丁山之地卦屬二坤。

未屬坤爻。值洛書二數。二爲少陽。配少陰之三。三震也。震與兊對爲後天父母。得先天坎離之氣。坎以七交離之三而離消之。故七去五爲二。二三合五而太極生焉。故自震起二。順數至坤而胎成爲六。六對四。故六出胎爲四。而未水之地卦屬四巽。逆數至坤而胎成爲八。八對二。故八出胎爲二。而未山之天卦屬二坤。若坎交離而兌入震。則三化爲七。七三合十而太極孕焉。故自震起七。順數至坤而胎戍爲一。一對九。故一出胎爲九。而未水之天卦屬九離。逆數至坤而胎戍爲三。三對七。故三出胎爲七。而未山之地卦屬七兌。

坤爲西南之卦。值洛書二數。二爲少陽。配少陰之八。八艮也。艮與坤對。爲後天父母。得先天震巽之氣。震以八交巽之二而巽消之。故八去五爲三。三二合五而太極生焉。故坤得三。順行而坤山之地卦屬三震。逆行而坤水之天卦亦屬三震。若震交巽而艮入坤。則二化爲八。八二合十而太極孕焉。故坤得八。順行而坤山之天卦屬八艮。逆行而坤水之地卦亦屬八艮。

申屬坤爻。值洛書二數。二爲少陽。配少陰之三。三震也。震與兌對爲後天父母。得先天坎離之氣。坎以七交離之三而離消之。故七去五爲二。二三合五而太極生焉。故自震起二。順數至坤而胎成爲六。六對四。故六出胎爲四。而申山之天卦屬四巽。逆數至坤而胎成爲八。八對二。故八出胎爲二。而申水之地卦屬二坤。若坎交離而兌入震則三化爲七。七三合十而太極孕焉。故自震起七。順數至坤而胎成爲一。一對九。故一出胎爲九而申山之地卦屬九離。

逆數至坤而胎成爲三。三對七。故三出胎爲七。而申水之天卦屬七兌。

庚屬兌爻。值洛書七數。七爲少陽。配少陰之八。八艮也。艮與坤對爲後天父母。得先天巽震之氣。巽以二交震之八而震息之。故二加五爲七。七八合十五而太極成焉。故自艮起七。順數至兌而胎成爲三。三對七。故三出胎爲七。而庚山之天卦屬七兌。逆數至兌而胎成爲一。一對九。故一出胎爲九。而庚水之地卦屬九離。若巽交震而坤入艮。則八化爲二。二八合十而太極孕焉。故自艮起二。順數至兌而胎成爲八。八對二。故八出胎爲二。而庚山之地卦屬二坤。逆數至兌而胎成爲六六對四。故六六出胎爲四。而庚水之天卦屬四巽。

酉屬西方兌卦。值洛書七數。七爲少陽。配少陰之三。三震也。震與兌對爲後天父母。得先天離坎之氣。離以三交坎之七而坎息之。故三加五爲八。八七合十五而太極成焉。故兌得八。順行而酉水之天卦屬八艮。逆行而酉山之地卦亦屬八艮。若離交坎而卯入酉。則七變爲三。三七合十而太極孕焉。故酉得三。順行而酉水之地卦屬三震。逆行而酉山之天卦亦屬三震。

辛屬兌爻。值洛書七數。七爲少陽。配少陰之八。八艮也。艮與坤對爲後天父母。得先天巽震之氣。巽以二交震之八而震息之。故二加五爲七。七八合十五而太極成焉。故自艮起七。順數至兌而胎戍爲三。三對七。故三出胎爲七。而辛水之地卦屬七兌。逆數至兌而胎戍爲一。一對九。故一出胎爲九。而辛山之天卦屬九離。若巽交震而坤入艮。則入化爲二。二八合十而太極孕焉。故自艮起二。順數至兌而胎戍爲八。八對二。故八出胎爲二。而辛水之天卦屬二坤。逆數至兌而胎戍爲六。六對四。故六出胎爲四。而辛山之地卦屬四巽。

戍屬乾。爻值洛書六數。六爲太陰。配太陽之九。九離也。離與坎對爲後天父母得先天坤乾之氣。坤以一交乾之九而乾息之。故一加五爲六。六九合十五而太極成焉。故自離起六。順數至乾而胎戌爲九。九對一。故九出胎爲一。而戌水之地卦屬一坎。逆數至乾而胎戌爲二。二對八。故二出胎爲八。而戌山之天卦屬八艮。若坤交乾而坎入離。則九變爲一。一九合十而太極孕焉。故自離起一。順數至乾而胎戌爲四。四對六。故四出胎爲六。而戌水之天卦屬六乾。逆數至乾而胎戌爲七。七對三。故七出胎爲三。而戌山之地卦屬三震。

乾爲西北之卦。值洛書六數。六爲太陰。配太陽之四。四巽也。巽與乾對爲後天父母。得先天兌艮之氣。兌以四交艮之六而艮息之。故四加五爲九。九六合十五而太極成焉。故乾得九。順行而乾山之地卦屬九離。逆行而乾水之天卦亦屬九離。若兌交艮而巽入乾。則六化爲四。四六合十而太極孕焉。故乾得四。順行而乾山之天卦屬四巽。逆行而乾水之地卦亦屬四巽。

亥屬乾交。值洛書六數。六爲太陰。配太陽之九。九離也。離與坎對爲後天父母。得先天坤乾之氣。坤以一交乾之九而乾息之。故一加五爲六。六九合十五而太極成焉。故自離起六。順數至乾而胎成爲九。九對一。故九出胎爲一。而亥山之天卦屬一坎。逆數至乾而胎成爲二。二對八。故二出胎爲八。而亥水之地卦屬八艮。若坤交乾而坎入離。則九變爲一。一九合十而太極孕焉。故自離起一。順數至乾而胎成爲四。四對六。故四出胎爲六。而亥山之地卦屬六乾。逆數至乾而胎成爲七。七對三。故七出胎爲三。而亥水之天卦屬三震。　此卽天玉經父母排到子息之法。乃山上水裏眞正陰陽所由定也。是爲理數。（用法詳羅經正義）

氣數者。通於律呂。律呂之用。宜乘除法。青囊會序云一生二兮二生三。三生萬物是元關。淮南子曰數始於一。一不能生。故分爲陰。陰陽合而生萬物。故一生二。二生三。三生萬物。故三月爲一時。所以祭有三飯。喪有三踊。兵有三令。
皆以三爲節。三三如九。故黃鐘之律。九寸而宮音調。因而
以九之。九九八十一。黃鐘之數立焉。黃鐘之氣在子。十一
月建焉。其辰在星紀。下生林鐘。林鐘之數五十四。氣在未。
六月建焉。其辰鶉火。上生大簇。大簇之數七十二。氣在寅。
正月建焉。其辰諏訾。下生南呂。南呂之數四十八。氣在酉。
八月建焉。其辰壽星。上生姑洗。姑洗之數六十四。氣在辰。
三月建焉。其辰大梁。下生應鐘。應鐘之數四十二。氣在亥。
十月建焉。其辰析木。上生蕤賓。蕤賓之數五十六。氣在午。
五月建焉。其辰鶉首。上生大呂。大呂之數七十六。氣在丑。

十二月建焉。其辰元枵。下生夷則。夷則之數五十一。氣在申。七月建焉。其辰鶉尾。上生夾鐘。夾鐘之數六十八。氣在卯。二月建焉。其辰降婁。下生無射。無射之數四十五。氣在戌。九月建焉。其辰大火。上生中呂。中呂之數六十。氣在巳。四月建焉。其辰實沈。樂緯云黃鐘中宮數八十一。以天一地二人三之數。以增減律。成五音中和之氣。增治上生。減治下生。上生者三分益一。下生者三分減一。益者以四乘之。以三除之。減者以二乘之。以三除之。此律呂之數。所以通天地之消息也。消息之至。候以甲子。五行大義云甲爲干首。子爲支初。相配者太陽之氣。動於黃泉之下。在建子之月。黃鐘之律。爲氣之源在子。故以子爲先。萬物湊出於建寅之月。皆以見形。甲屬此月。故以甲爲先而配子。見者爲陽。故從干。未見者爲陰。故從支。所以用甲子相配。爲六旬之始。干旣有十。支有十二。輪轉相配。終於癸亥。是故天氣下降。藏於地盤。而甲子起於壬半。與律呂相協。亦與卦氣相通。熊宗㟢曰。六甲配卦。因氣而推。其卦氣先以中孚起於冬至之初。而後繼之以復。亦七日來復之義。陳希夷曰。分金之法。甲丙戊庚壬。分隷於子寅辰午申戌之位。乙丁巳辛癸。分隷於丑卯巳未酉亥之位。倍而重之。爲百二十分金。又言歸藏大卦所用。除却坎離震兌。爲本體之卦。

每值戊巳位爲主卦。以次行則甲子配頤。丙子配中孚。戊子配復。庚子得屯。壬子得謙。此子癸宮之分金卦也。乙丑得睽。丁丑得升。已丑得臨。辛丑得小過。癸丑得蒙。此丑艮宮之分金卦也。甲寅得益。丙寅得漸。戊寅得泰。庚寅得需。壬寅得隨。此寅甲宮之分金卦也。乙卯得晉。丁卯得解。已卯得大壯。辛卯得豫。癸卯得訟。此卯乙宮之分金卦也。甲辰得蠱。丙辰得革。戊辰得夬。庚辰得旅。壬辰得師。此辰巽宮之分金卦也。乙巳得比。丁巳得小畜。巳巳得乾。辛巳得大有。癸巳得家人。此巳丙宮之分金卦也。甲午得井。丙午得咸。戊午得姤。庚午得鼎。壬午得豐。此午丁宮之分金卦也。乙未得渙。丁未得履。巳未得遯。辛未得恆。癸未得節。此未坤宮之分金卦也。甲申得同人。丙申得損。戊申得否。庚申得巽。壬申得萃。此申庚宮之分金卦也。乙酉得大畜。丁酉得賁。巳酉得觀。辛酉得歸妹。癸酉得无妄。此酉辛宮之分金卦也。甲戌得明夷。丙戌得困。戊戌得剝。庚戌得艮。壬戌得既濟。此戌乾宮之分金卦也。乙亥得噬嗑。丁亥得大過。巳亥得坤。辛亥得未濟。癸亥得蹇。此亥壬宮之分金卦也。於是一氣甲子。二氣甲戌。三氣甲申。四氣甲午。五氣甲辰。六氣甲寅。隨天而左旋。一元甲子。二元丙子。三元戊子。四元庚子。五元壬子。隨地而右轉。聖人所以別地宜立人

極。實在於此。是爲氣數。（用法詳羅經正義）

象數者。合於天文。天文有經緯度數。宜用弧三角法。青囊經云。天有五星。地有五行。天分星宿。地列山川。氣行於地。形麗於天。因形察氣。以立人紀。紫微天樞。太乙之御。君臨四正。南面而治。天市春宮。少微西掖。太微南垣。旁照四極。四七爲經。五德爲緯。運幹坤輿。光垂乾紀。七政樞機。流通終始。地德上載。天光下臨。蓋言形氣所由交感也。歷象考成云。周天三百六十度。每度當地上二百里。是故推驗大地經緯度分，皆與天應。測緯度者。用午正日晷。或測南北二極。測經度則必於月蝕取之。又云恆星七政。各有經緯度。蓋天周弧線。縱橫交加。卽如布帛之經緯然。故以東西爲經。南北爲緯。然有在天之經緯。有隨地之經緯。在天則爲赤道。爲黃道。隨地則爲地平。赤道均分三百六十度。平分之爲半周。各一百八十度。四分之爲象限。各九十度。六分之爲紀限。各六十度。十二分之爲宮爲時。各三十度。是爲赤經。從經度出弧線。與赤道十字相交。各引長之。會於南北極。皆成全圜。亦分爲三百六十度。兩極相距各一百八十度。兩極距赤道俱九十度。是爲赤緯。依緯度作圜。與赤道平行。名距等圈。此圈大小不一。距赤道近則大。距赤道遠則小。其度亦三百六十。俱與赤道之度相應也。赤道之用。有動有靜。動者隨天左旋。與赤道相交。日躔之南北。於是乎限。靜者太虛之位。亘古不移。晝夜之時刻。於是乎紀焉。黃道之宮度。並如赤道。其與赤道相交之點。爲春秋分。相距皆半周。平分兩交之中。爲冬夏至。距兩交各一象限。六分象限爲節氣。各十五度。是爲黃經。從經度出弧線。與黃道十字相交。各引長之。周於天體。卽成全圜。其各圜相湊之處。不在赤道之南北兩極。而別有其樞心。是爲黃極。黃極之距赤極。卽兩道相距之度。其距黃道亦皆九十度。是爲黃緯。而月與五星。出入黃道之南北者。悉於是而辨焉。故凡南北圈。過赤道極者。必與赤道成直角。而不能與黃道成直角。其過黃道極者。亦必與黃道成直角。而不能與赤道成直角。惟過黃赤兩極之圈。其過黃赤道也。必當冬夏二至之度。所以並成直角。名爲極至交圈。又若赤道度爲主。而以黃道度準之。則互形大小何也。渾圓之體。當腰之度最寬。漸近兩端則漸狹。二至時黃道以腰度當赤道距等圈之度。故黃道一度。當赤道一度有餘二分時。兩道雖皆腰度。然赤道平而黃道斜。故黃道一度。當赤道一度不足也。此所謂同升之差。而七政升降之斜正。伏見之先後。皆由是而推焉。至於地平經緯。則以各人所居之天頂爲極。蓋人所居之地不同。故天頂各異。而經緯從而變也。地在天中。體圓而小。隨人所立。凡目力所極。適得大圓之一半。則地雖圓而與平體無異。故謂之地平。乃諸曜出沒之界。晝夜晦明之交也。地平亦分三百六十度。四分之爲四方。各相距九十度。二十四分之爲二十四向。各十五度。是爲地平經。從經度出弧線。上會於天頂。並皆九十度。是爲地平緯。又名高弧。高弧從地平正午上會天頂者。其全圈必過赤道南北兩極。名爲子午圈。乃諸曜出入地平適中之界。而北極之高下。晷影之長短。中星之推移。皆由是而測焉。然歷象以東西爲經。南北爲緯者。專言在天之經緯也。若地平之經緯。則狐首經所謂南北爲經。東西爲緯者是已。故青囊奧語云。認金龍。一經一緯義不窮。蓋合天與地言之也。鬼臾區曰。天以六爲節。地以五爲制。周天氣者六期爲一備。終地紀者五歲爲一周。五者五運也。六者六氣也。是故甲巳之歲。土運統之。乙庚之歲。金運統之。丙辛之歲。水運統之。丁壬之歲。木運統之。戊癸之歲。火運統之。子午之上。少陰主之。丑未之上。太陰主之。寅申之上。少陽主之。卯酉之上。陽明主之。辰戌之上。太陽主之。巳亥之上。厥陰主之。是爲象數。(用法詳羅經正義)

里數者。地平面上之曲直斜正廣遠高深所由判也。近者可以步量。遠者非測不知。宜用勾股三角等法。孤首經云。

三年一步。十步一世。張受祺註曰。用步量法。四尺八寸爲一步。一步管三年。十步管三十年。三十年爲一世。正韻路程以三百六十步爲一里。古人以里數論龍脈之長短。地步之廣狹。水道之曲折者。屢見不一。葬書云。土圭測其方位。玉尺度其遠邇。近代測法愈精。或以矩度。或以儀器。只量一處爲始基。而地面之里數。卽可得其準確者。如量勾測弦以得股。化股爲勾以測弦。則曲直斜正可知也。數理精蘊三角測量篇。用分角法。求得半較角。加減半外角。或用分邊總邊線。作勾股求弦法算之。則廣狹遠近可知也。測地志要。有差角測高。重矩測高。重差測深等法。測高用立儀。人目近表樞。用懸儀。人目近表端。其度數皆自下而上。測深用立儀。人目近表端。若定表在上。亦以人目近樞。用懸儀。人目近表樞。其度數皆自近而遠。矩度亦然。依此推測。則高下淺深可知也。是以陰陽二宅。四面八方。均係有數可計。易傳言震東方。巽東南。離南方。坤西南。兌西方。乾西北。坎北方。艮東北。淮南子曰。東北方曰蒼門。生條風。東方曰開明門。生明庶風。東南方曰陽門。生清明風。南方曰暑門。生景風。西南方曰白門。生涼風。西方曰閶闔門。生閶闔風。西北方曰幽都門。生不周風。北方曰寒門。生廣莫風。此八風所起。是八極之方也。五行大義引黃帝九宮經云。戴九履一。左三右七。二四爲肩。六八爲足。五居中宮。總御得失。其數則坎一坤二震三巽四中宮五乾六兌七艮八離九。太一行九宮。從一始。以少之多。順其數也。配算曰中央及四仲。各分九算。命曰木落歸本。分六至亥。故取震六算以置於乾。水流向未。分八至丑。故取坎八算以置於艮。金義而堅。分二還未。故取兌二算以置於坤。火本炎盛。自處其鄉。故離算不動。土王四季。本生於巳。故分中宮四算以置於巽。故成戴九履一之位也。又初成八卦之法。命方之算。先取北方九算。命曰水生木。縱一算置寅上。一算置卯上。一算置辰上。又橫。一算置甲上。一算置乙上。次取東方九算。命曰木生火於南方。布五位。又取南方之算。命曰火生土於中央。一算於西北爲戌。一算於西南爲巳。又取中央之算。命曰土生金於西方。布五位。又取西方之算。命曰金生水於北方。布五位。五方布十干十二支位訖。然後加陰干各一。命曰陰數偶也。次加陽支各一。命曰支體本加其始。餘算十二月之數也。一算置西北。命曰乾之始也。二算置西南。命曰坤之始也。又餘算九置於中央爲易象也。命曰乾主甲壬。卽取甲壬上算以成乾卦。又命曰坤主乙癸。次取乙癸上算以成坤卦。父母之卦。爻象既定。次及六子。先起長男。命曰震主庚子午。卽取庚及子午上算以成震卦。又次長女命曰巽主辛丑未。次取辛及丑未上算以成巽卦。又次中男命曰坎主戊寅申。次取戊及寅申上算以成坎卦。又次中女命曰離主巳卯酉。次取巳及卯酉上算以成離卦。又次少男命曰艮主丙辰戌。次取丙及辰戌上算以成艮卦。又次少女命曰兌主丁巳亥。次取丁及巳亥上算以成兌卦。是以乾數八。合甲一壬一爲十。坤數五。合乙三癸二爲十。乾父坤母皆成合十也。震得庚一子三午十一之數而合十五。巽得辛三丑九未三之數而合十五。坎得戊一寅二申二之數而合五。離得巳而去一不用。九宮無巳十故也。故取卯三酉七合十之數。艮得丙一辰二戌二而合五。兌得丁二巳一亥七而合十。各以其位取步數或里數配合成卦爲用也。是爲里數。

是故里數準而後象數定。象數準而後氣數定。氣數準而後理數亦定。若不知理數。何以順五兆。不知氣數何以排六甲。不知象數。何以推五運。定六氣。不知里數。何以用八卦。布八門。必明是數者而後可以參天地之化育也。易傳云。形而上者謂之道。形而下者謂之器。憑器測形因形察氣。窮理盡性以至於命。斯萬物之情以類。神明之德以通。一切吉凶消長。歷歷可數。足徵地理之自有真矣。

附錄

二十四位陰陽互根訣 一名父母互根訣

壬通辰地癸通巳。 甲在未中乙在申。 丙起戌宮丁起亥。 庚望丑兮辛望寅。 四正四維從對待。 各分順逆去挨輪。 陰陽闔闢形交氣。 位位正旁先認真。

此本陳希夷闔闢水法而申釋之也。其例壬癸與辰巳通。一起四。四起一也。甲乙與未申通。三起二。二起三也。丙丁與戌亥通。九起六。六起九也。庚辛與丑寅通。七起八。八起七也。是爲旁爻交媾法。子午以一起九。九起一。卯酉以三起七。七起三。是四正交媾法。坤艮以二起八。

八起二。巽乾以四起六。六起四。是四維交媾法。蓋以子午卯酉乾坤艮巽。居卦位之正。中爻也。中爻從形。形取相對。故不經位數而起父母。甲庚壬丙。乙辛丁癸。寅申巳亥辰戌丑未。居卦位之偏。旁爻也。旁爻從氣。氣要相通。故經四位而起父母。審此則山水之陰陽闔闢確有理數可推矣。

排山天卦訣

一坎甲午亥　二坤未艮巳　三震壬酉乙　四巽丙乾申　六乾丑巽癸　七兌庚卯丁　八艮戌坤寅　九離辰子辛

此訣山形之陰陽相對者適用之

排山地卦訣

一坎丑巽癸　二坤庚卯丁　三震戌坤寅　四巽辰子
辛　六乾甲午亥　七兌未艮巳　八艮壬酉乙　九離
丙乾申

此訣山氣之陰陽相通者適用之

排水天卦訣

一坎壬巽寅　二坤丙卯辛　三震丑坤亥　四巽庚子
巳　六乾戌午乙　七兌辰艮申　八艮甲酉癸　九離
未乾丁

此訣水氣之陰陽相通者適用之

排水地卦訣

一坎戌午乙　二坤辰艮申　三震甲酉癸　四巽未乾丁　六乾壬巽寅　七兌丙卯辛　八艮丑坤亥　九離庚子巳

此訣水形之陰陽相對者適用之

跋

生賦性鈍拙。喜誠不喜浮。以故交游往來。每落落而難合。蓋秉吾祖父忠厚之遺訓。凜凜焉不敢忘耳。癸酉季夏。先慈去世。終天之恨。痛不勝言。嘗以形家之書反覆尋繹。不得要領。偕吾弟爲先慈擇地。窮歷川原。寒暑不避。屢卜屢非。先慈兆域。卒無所獲。徬徨涕泣。於心不安。季秋。知友越園余紹宋先生回衢省親。得悉　吾師品學兼優。而於地理尤爲中國數一數二。遂因余老而晉接焉。相與商討先慈窀穸事。承卜一地。山石土穴。與衆特異。洵有大學問而悟大道者。傾心執弟子禮。秉承教誨。獲益多多。乙亥春師寓書以地理學新義稿見示。讀之益傾佩無似。夫青囊家書夥矣。主理氣者失之元。宗形勢者病其鑿。均無當也。　吾師以科學闡地理。原原本本。融會貫通。言形質而陰陽之氣有徵。將巒理打成一片。實能抉地理精微。而闡明其法外之法。形外之形。若非　吾師以天授之才。博窮理盡性之學。為能道其隻字。學者卽是而求之。有若懸巨電於昏衢。朗然不迷所嚮也。是書也。誠千古哲學之實用。必將列入科學以傳不朽。非余之阿好也。用是伸紙吮毫。敬書短札。求鐫篇末。俾名列大刻。有厚幸焉。且以志授受之所由云。

衢縣門人潤之黃靈雨謹跋